Zwischen Rosen und Schatten

Ikebana-Meditationen zu Gedichten unserer Zeit

Ikebana-Skulpturen: Horst Nising
Meditations-Texte: Josef Sudbrack
Fotos: Christof Eichler

Fotokunst-Verlag Groh, München

ISBN 3 920341 84 8

Druck: F. Bruckmann KG,
Graphische Kunstanstalten, München

Inhalt: Seite

Ikebana-Form:	Modernes Rikka – Sugu-Shin-Form
Material:	Fuchsschwanz – Alopecurus pratensis
	Primel – Primula vialii
	Funkienblatt – Hosta
	Flockenblume – Centaurea
	Glockenblume – Campanula
	Fünffingerstrauch – Potentilla fruticosa
	Buchsbaumgewächs – Pachysandra terminalis
	Zittergras – Briza maxima
	Heckenrose – Rosa canina
	Narzissenblätter – Narcissus
	Farn – Asplenium
Gefäß:	Bronzevase
	Japan 19. Jahrhundert
	∅ 13 cm; H 23,5 cm

Zum Gespräch zwischen Lyrik und Blumen-Skulptur

Schon bei den ersten, nur umrißhaften Skizzen zu diesem Buch ahnten alle Beteiligten, daß sich hier neue Wege der Bildbetrachtung und neue Türen zur Meditation auftun würden. Im Laufe der Arbeit erfuhren wir, wie sehr sich diese erste Ahnung bestätigte.

Die Verbindung von moderner Lyrik und der traditionsreichen Kunst des Blumen-Arrangierens aus Japan mag zunächst recht ungewöhnlich erscheinen. Doch wir hoffen, daß der Leser des Buches unsere Erfahrung teilen wird: Die Schönheit und die feinen Übereinstimmungen der beiden Künste werden sich ihm erschließen, je stärker er sich in das Gespräch zwischen Lyrik und Ikebana einläßt. Und je mehr diese Räume der Begegnung aufgehen, desto tiefer wird auch er selbst, seine Erfahrung, seine Meditation, seine Innerlichkeit, hineingezogen in das Gespräch.

Die Überlegungen, die unserem Versuch, Gedichte bildhaft werden zu lassen, Worte in Bilder, Hören in Schauen zu übersetzen, vorangingen und die mit der Arbeit am Buch fruchtbar wurden, möchten wir Ihnen im folgenden darstellen.

I. Der Raum der Dichtung

Wir wählten Gedichte unserer Zeit, weil sie unser Fragen und unser Suchen aussprechen. Die Verse sollen eine Tür zu dem Raum öffnen, in dem der Mensch von heute nach Sinn sucht. Die Blumen-Skulpturen und die erläuternden Texte möchten dieses Suchen weiterführen. Wohin? Manchmal zur Verheißung des Findens oder gar zum Glück des Beschenktwerdens und der Begegnung; oft genug aber auch zur Trauer oder zur Melancholie des Abschieds und zum verzweifelten Mut des Weitersuchens.

Wir suchten Gedichte, die sich der Frage stellen: Mensch, wer bist du? Erschrekkend war, ein wie großer Teil der heutigen Lyrik sich der Beantwortung dieser Fragen mit Bitterkeit, Verzweiflung und Hoffnungslosigkeit entzieht.

Wir wählten Gedichte, die ein Gespräch um den Menschen eröffnen; ein Gespräch, das zum Verweilen auffordert; ein Gespräch, das nachdenklich macht.

II. Der Raum der Religion

Religion umschließt all die Menschen, die sich nicht damit zufriedengeben, »fraglos« in den Tag hineinzuleben; meint die Menschen, die hoffen, ersehnen, ahnen oder auch erfahren haben, daß der Mensch mehr wert ist, als die Schlagzeilen der Zeitungen, die Bilanzen der Industrie, die Pläne der Politik ausweisen. Es ist doch eines der Hoffnungszeichen unserer Zeit, daß sich immer mehr Menschen dieses Raumes wieder bewußt werden. Er kann viele Namen tragen: Meditation, Gebet, Mystik; oder Transzendenz, Jenseits, Allheit; oder auch Engagement, Selbstlosigkeit, Liebe.

In diesen Raum hinein möchte das Buch sprechen. Dabei sind wir uns bewußt: Nur der wird ihn finden, der sich selbst hineinnimmt in sein »Sprechen« und »Hören« und »Sehen«. Der kühlen Objektivität des Nur-Betrachters wird er sich nicht öffnen. Dieser Raum fordert von jedem einzelnen ein bewußtes »Hineingehen«.

Der Gliederung des Buches, der Abfolge der Gedichte, haben wir unsere eigene Weltsicht zugrundegelegt: Vom Suchen zum Finden; vom Lauschen zum Vernehmen; von einem Vers, der am Rande der Verzweiflung steht, »zwischen Rosen und Schatten« (S. 24), bis zur »Stimme verschwebenden Schweigens« (S. 88), in der Elia Gott vernimmt. Zwischen den Polen von Suchen und Finden bauen sich die Stufen der Begegnung auf; ganz oben stehen die verhaltenen Verse von Marie Luise Kaschnitz: »Und deine Hand/ Wieder in meiner« (S. 72).

Diesen Optimismus findet der Schauende und Lesende auch in den Blumen-Skulpturen und mehr noch in den meditativen Interpretationen. Er entstammt unserer

Glaubensüberzeugung. Aber der Schauende und Lesende wird auch – so hoffen wir – das Bemühen erspüren, mit dem wir uns den Fragen der modernen Lyrik stellten und versucht haben, in Weltsichten einzutreten, die mit unserer Überzeugung nicht übereinstimmen. Und vielleicht wird er auch – über dem Unterschied der Glaubensbekenntnisse und der Haltungen zur Sinnfrage – eine größere Gemeinsamkeit entdecken: die Gemeinsamkeit des Unterwegs-Seins, die Ökumene des Suchens, die Offenheit zueinander und miteinander.

III. Der Raum der Blumen

Aus dieser Überzeugung und Hoffnung heraus, daß alle Suchenden und Offenen in einem gemeinsamen Raum versammelt sind, wurde das Gespräch zwischen europäischer Lyrik und japanischer Kunst gewagt. Betrachter und Leser mögen urteilen, ob es fruchtbar wurde, ob es weiterführt. Gehört nicht der Dialog zwischen westlicher, christlich geprägter Lebensauffassung und buddhistisch-östlicher Geistlichkeit mit zu den Grundaufgaben unserer Zeit? Und könnten wir uns dafür einen besseren Raum vorstellen als den der Natur, die für jeden Menschen offen ist?

Die in das Buch einführende Blumen-Skulptur (S. 5) ist ein »Rikka«. Der Name kann übersetzt werden mit »gestellte, aufgebaute Blumen«. Es ist die älteste und zugleich komplizierteste Ikebana-Form, deren Ursprünge bis ins 12. Jahrhundert zurückreichen.

Die japanische Tradition deutete diese Kunstform in einer klaren kosmologischen Symbolik. Der Europäer fühlt sich durch diese Deutung an Bilder und Reliefs der ägyptischen Kunst oder an ottonische Miniaturen erinnert. Jedes Rikka ist ein Bild, ein Real-Symbol der Weltordnung. Die Wahrheit, »Shin«, die Hauptlinie jeder Ikebana-Form, bestimmt den Aufbau. Die einzelnen Teile des Rikkas symbolisieren Berge und Täler, Flüsse und Wasserfälle, Sonne und Schatten – sie stehen für die Himmelsrichtungen und Jahreszeiten – sie tragen Namen wie Wissen, Ehre, Weitblick, Nächstenliebe.

Das hier vorgestellte Rikka ist im Original sehr klein und aus einfachen, sommerlichen Materialien zusammengefügt. Es gefällt schon beim ersten Blick durch die – wie man glaubt – unkomplizierte Form. Doch dann entdeckt man, wie kunstvoll schlank, wie elegant und harmonisch es aus einem einzigen Fuß über die Bronzevase emporsteigt und sich in seine verschiedenen »Linien« hinein entfaltet.

Das Rikka spricht durch seine vornehme Form und auch seinen Symbolgehalt, der Harmonie und Ganzheit ausdrückt. Ein Europäer muß nicht nur bewundernd vor seiner Schönheit stehenbleiben und in der Vergänglichkeit der Blumen einen unvergänglichen Wert spüren. Er kann auch in den Sinn dieser Kunst eindringen. Er kann verstehen, daß diese Blumen – wie ein gutes Gedicht – etwas ankünden: Ausgeglichenheit, Wahrheit, Wirklichkeit. Und er mag ahnen, daß das Vergängliche eine Schönheit schenken kann, die all die sogenannten »unvergänglichen« Schönheiten aus Menschenhand einholt, wenn nicht gar überholt. Damit treten wir in das Gespräch zwischen Ost und West, zwischen Buddhismus und Christentum ein.

Was heißt »Vergänglichkeit«? Tut sich hinter ihrer Schönheit nur ein Raum der Leere auf? Ist sie nur »Gleichnis« (Goethe) für Unvergängliches? Gibt es ein Drittes, das, selbst vergänglich, Unvergänglichkeit mit sich bringen wird? Paulus scheint das im ersten Korintherbrief anzudeuten, wo er verheißt, die Neue Schöpfung bei Gott sei keine Absage an unsere hiesige vergängliche Welt, sondern ein Umkleiden unserer Welt mit Unvergänglichkeit, oder besser gesagt: ein Aufbrechen unserer »vergänglichen« Welt zu »unvergänglicher« Schönheit.

Wir stehen im Gespräch der Religionen, in dem jeder lernen kann – nicht um den eigenen Glauben aufzugeben, sondern um ihn zu vertiefen. Wir stehen in dem

Gespräch, zu dem auch die moderne Lyrik auffordert – zwischen Rosen und Schatten.

IV. Der Raum der Kunst

Es gibt manches andere Gemeinsame in der europäischen Lyrik und der japanischen Blumenkunst. Nicht nur die Schönheit, die das Auge und das Ohr unmittelbar anspricht. Beide Kunstformen werden auch beherrscht von strengen Gesetzmäßigkeiten – und gerade hier offenbart sich die Freiheit der Kunst.

Lyrik und Form

Karl Krolows Gedicht, »Der Augenblick des Fensters« (S. 16) wirkt wie hingeworfen, wie zufällig. Aber je mehr man sich mit den Versen beschäftigt, desto deutlicher wird deren strenge Struktur. Schon die Zeilenfolge ist im klaren Rhythmus gebaut. Vier Impressionen lösen sich im Takt von zwei-drei- zwei-drei ab und werden von zwei einleitenden und drei abschließenden Zeilen eingerahmt. Die Bilder selber stehen in genauer Stufenfolge und Ergänzung: Rosen-Tauben / Kinder-Erwachsene. Die Metaphern sind in ihrer Schlichtheit überaus genau: Tauben naschen von der Süße. Jedes Wort, jeder Laut, jedes Bild »sitzt«. Auch die Gesamtmelodie der Verse ist auf ein ruhiges Hinschauen abgestimmt. Nur die Schlußverse fallen aus dieser Melodie heraus, gleichsam ins Dunkel: Aber ehe es ihnen die anderen sagen, / Ist das Fenster von jemandem / Wieder geschlossen worden.

Wie genau muß der Dichter das Gesetz der Sprache kennen, wie tief muß er in ihren Geist eingedrungen sein, wie hart muß er auch gearbeitet haben, bis ihm eine solche Form gelingt?

Aber erst diese strenge Form gibt dem Gedicht Freiheit und Weite. Gewiß, es ist Karl Krolows Erfahrung von Freiheit, die ihm geschenkt wurde, als er sich der vergänglichen Schönheit des »Augenblicks« öffnete. Aber ist das Gedicht nicht beglückend? Wie eine antike Elegie? Wie eines der traurigen Klavierstücke von Robert Schumann?

Lyrik offenbart das Geheimnis der Dichtung. Sie lebt in den Gesetzen der Sprache. Sie unterwirft sich deren Rhythmus, der Tonalität von Vokal und Konsonant. Sie beugt sich der Grammatik und der Bildkraft der Worte wie der Assoziation der Ideen. Aber gerade darin wird dem Dichter Kreativität geschenkt; er formt die Sprache von innen heraus neu und eröffnet neue Verständnisräume; er schenkt ihr »neue Freiheit«.

Der Dichter bindet sich an die Form der Sprache – und entbindet dadurch seine eigene, freie Individualität. Uns aber schenkt er mit seiner Sprache die Möglichkeit neuer Erfahrungen und freien Gestaltens. Die Strenge der Form schafft Raum für die Freiheit des Kunstwerks.

Ikebana und Form

Ähnliches muß man auch von der Kunst des Ikebana sagen. Über Jahrhunderte hin erspürten und erarbeiteten die Japaner die Sprache der Natur. In den Schriftzeichen »Ike-bana« ist es ausgedrückt: »Pflanzen – Erwecken der Blume zu ihrer eigentlichen Schönheit«.

Die Überlieferung erzählt, ein Diplomat habe im 7. Jahrhundert den Brauch von China nach Japan gebracht, Blumen-Arrangements in den Tempeln als Opfergabe aufzustellen. Im 15./16. Jahrhundert verband sich diese Kunst mit buddhistischer Religiosität und Askese. Als Zen-Weg erhielt sie neue Strenge und damit neue Ausdruckskraft. Neue Gesetze und neue Entsprechungen wurden entdeckt, und die Kreativität konnte sich neu und weiter entfalten. In der heutigen Auseinandersetzung mit der westlichen Kultur gelangt die Kunst des Ikebana zu wieder neuen, bislang ungeahnten Ausdrucksmöglichkeiten.

Was frei, manchmal willkürlich gestaltet erscheint, gehorcht strengen, der Natur innewohnenden Gesetzen. Jede Pflanze hat durch Farbe und Form, Oberflächengestalt und Größe ihren eigenen Ausdruck. Die Formen von Blättern und Stengeln laufen in vorgezeichneten Bahnen; gerade Linien vermitteln den Eindruck männlicher Strenge, geschwungene eher den weiblicher Zartheit. Die Waagerechte und die Senkrechte laden zur Ruhe ein; diagonale Bezüge und Überschneidungen deuten Dynamik an. Kalte Farben wirken intellektuell, warme stimmen freundlich, sind zugänglich. Wo Zweige sich »weiten«, auseinandergehen, wird der Beschauer zur Offenheit, Heiterkeit oder Entspannung angeregt. Wo Blüten und Blätter sich zusammenschließen, findet man Zurückgezogenheit, Scheu und Ruhe.

Die Gefäße sind Wesensbestandteil der Skulptur und sollten auch in ihrem Gehalt verstanden werden. Sie können einen ruhigen Gegenpol oder einen schöpferischen Urgrund, einen dramatischen Auftrag oder eine entspannende Antipode darstellen.

Das Gedicht von Karl Krolow wird durch ein modernes »Shoka« in der strengen Form einer alten Ikebana-Tradition ausgedeutet. Die blauen Alliumblüten vermitteln mit der Windung ihrer Blätter die Harmonie von Weichheit und Klarheit, von Bewegung und Ruhe. Im Wermutstrauch mit den weißgelben Blüten und dem silbergrauen Blattwerk finden sie Mitte und Schwerpunkt. Das alles ruht auf dem eleganten Gefäß, das sich in den schmalen Fuß des Ikebana hineinhebt und die durchsichtige Stille der Pflanzen untermalt.

Ganz anders hingegen das Arrangement zum Gedicht »Tour de France« (S. 52) von Günter Grass. Die Linienführung der Clematis ist lebendig, bewegt, tanzend. Die Farben strahlen in kräftigem Grün und Rot. Das Gefäß steht breit und behäbig da; es spricht von Kraft und Wärme. Auch der ungeübte Betrachter kann beide Arrangements in ihrem Unterschied von Ruhe/Strenge und Bewegung/Heiterkeit »genießend verstehen« – »sapere« nannte dies die christliche Tradition, das ist »Weise-sein« aus dem Verkosten von Wahrheit.

Licht und Form

Der Ikebana-Künstler komponiert seine Skulpturen in einen Raum hinein. Raum und Arrangement gehören zusammen. Die Rolle von Raum und Umgebung übernimmt in diesem Buch das Licht, mit dem der Fotograf seinerseits das Ikebana künstlerisch »formt«. Zum Verstehen der Absicht des Buches ist es wichtig, auf die Rolle des Lichts aufmerksam zu werden. Was es zu den einzelnen Skulpturen beizutragen hat, läßt sich ohne Mühe erkennen: Ruhe oder dynamische Wurzelkraft oder auch Bedrohung. Manchmal scheint das Licht einfach da zu sein; manchmal kommt es von irgendwoher; manchmal verdoppelt es sich durch Spiegelungen.

Schatten können bedrohen oder auch einen Raum der Geborgenheit vermitteln. Und so findet sich auf Blüten, Blättern, Zweigen und Gefäßen das Wechselspiel von Licht und Schatten, als Untermalung oder Kontrast, als neues Element oder einfach als Beleuchtung der Blüten und Blätter.

Gerade wo das Licht ganz und gar dient, ist es unersetzlich.

V. Der Raum der Meditation

Drei Künste stehen also miteinander im Gespräch: Dichtung – Ikebana – Licht (Fotografie). Der Betrachter und Leser wird in dieses Gespräch eingeladen. Der Weg dorthin führt über die Meditation, über ein Verweilen, das die Anstrengung des Geistes nicht gescheut hat; das aber nach der Mühe innehält, ausruht und »verkostet«.

Am unmittelbarsten wird das Auge angesprochen. Aber schon hier sollte die Meditation den Schritt zur aktiven Kreativität wagen. Man kann den Einzelelementen der Skulptur nachgehen; sie in Gestalt und Form bestimmen und ihr Zu- und Miteinander deuten. Man sollte mit den Augen das Gefäß abtasten auf Schönheit und Kraft. Man sollte mit dem Blick die Linien nachziehen, in denen die Harmonie des Ikebana schwingt. Man sollte das Licht befragen, seine Leuchtkraft, sein Spiel mit den Blumen. Und vielleicht sollte man es wagen, dem Ikebana einen Namen zu geben; darin sammeln sich die eigenen Eindrücke und gewinnen Gestalt.

Der Zugang zu den Gedichten eröffnet sich weniger leicht. Doch auch ihn sollte man zuerst mit eigener Mühe suchen. So wird man zum Partner im Gespräch zwischen Gedicht und Arrangement. Man wird schnell entdecken, daß diese beiden durchaus nicht immer einer Meinung sind. Oftmals führt das Ikebana weiter oder »protestiert« gegen den Pessimismus eines Gedichts. Es wäre hinderlich zu meinen, man müsse den Gesprächsbeitrag des Ikebana oder des Gedichtes als allein gültig und richtig annehmen. Vielleicht wird man selbst zum »Protest« gegen die Deutung des Ikebana-Künstlers herausgefordert. Dann hätte das Buch auf jeden Fall sein Ziel erreicht; denn nicht Einstimmigkeit, sondern Lebendigkeit machen Gespräch und Meditation fruchtbar.

Dann erst sollte man zu den meditativen und interpretierenden Texten greifen. Auch hier kann Widerspruch fruchtbarer werden als kritiklose Zustimmung. Stärker als in den Arrangements spiegelt sich in ihnen die Subjektivität ihres Verfassers. Auch er konnte nichts Besseres tun, als sich selbst ins Gespräch einzubringen und darauf zu vertrauen, daß die Ehrlichkeit der eigenen Meinung und der subjektiven Empfindungen weiter führt, als es eine vermeintliche Ausgewogenheit der Beurteilung und analytische Distanz je könnten.

Der Leser und Betrachter sollte sich immer wieder zurückwenden und verharren: im Anschauen des Ikebana, im Ausruhen bei den Versen; oder in der Einkehr bei sich selbst. Meist werden das verstehende Eindringen und das verharrende Stehenbleiben eine Einheit bilden.

Es gibt sicher noch manch andere Weise, mit dem Buch umzugehen: Das aktive Nachgestalten mit Blumen und Gefäßen, das besonders den in der Kunst des Ikebana bereits Geübten reizen wird. Hierbei wird hilfreich sein, daß die im Ikebana-Arrangement verwendeten Materialien genau aufgeführt sind. Vielleicht kann es auch zum Malen und Arbeiten mit anderen Elementen anregen, vielleicht sogar zu leibhaftem Ausdruck in Geste und Bewegung oder zu Gruppengesprächen. Eine Dia-Serie mit 15 Ikebana-Arrangements, die der Verlag zu dem Buch herausgebracht hat, ist eine willkommene Hilfe dazu.

Welcher Anregung auch gefolgt wird, für alle gilt gleichermaßen: Je lebendiger und konkreter die Meditation und das Gespräch weitergeführt werden, umso fruchtbarer werden sie.

Wir jedenfalls wünschen dem Leser dieses Buches, daß er es als Bereicherung seiner Erfahrung erlebe; daß es für ihn kostbarer werde, Natur und Kunst, Blume und Wort erneut zu begegnen; daß es ihn beglücke, im Gespräch mit anderen Weltsichten den eigenen Glauben zu vertiefen. Vielleicht findet er ein wenig mehr den Mut zu dem Versuch, über die Form zur Freiheit zu finden; das Zerrissensein »zwischen Rosen und Schatten« zu heilen.

Josef Sudbrack

Immer horch ich . . .

Immer horch ich
ob niemand mich ruft.

Wie ein Fenster
über das unablässig
der Regen herabrinnt
liegt mein Gesicht
unter meinen Tränen.

Paula Ludwig

Ikebana-Form:	Moribana-Nageire Kombinationsform – Freie Form
Material:	Sanddorn – Hippophae rhamnoides Rhododendron – Rhododendron japonica Hybride Rhododendron – Rhododendron Hybride »Bremen« Stumpfblättriger Ampfer – Rumex obtusifolius
Gefäß:	Glasvasen und Glasschale – Tapio Wirkkala/Venini, Italien 1975 Vase: ∅ 20 cm; H 33 cm Vase: ∅ 17 cm; H 26 cm Schale: ∅ 52 cm; H 5 cm

Regen – das ist der Nachmittag des Wartens. So steht der enttäuschte Liebhaber an der Haltestelle und harrt Stunde für Stunde; so pressen Kinder ihre Nase an die Fensterscheibe und halten durch den Regenvorhang Ausschau nach irgendwas, nach Unbekanntem. Die Tropfen klatschen auf und trommeln eine Begleitmusik zur Langeweile des Wartens.

Wie verschieden lösen Verse und Blumen diese Stimmung von Warten auf; eine Stimmung, die jeder Mensch schon erfahren hat.

Bei Paula Ludwig (1900–1974) gewinnt die Schwermut Oberhand. Es ist wohl ihre eigene Erfahrung, die sie erzählt; sie spricht von Ich-mich-mein. Sie hat eine Begegnung gesucht, ein Finden, ein Du; und sie ist immer noch auf der Suche. Aber sie trifft auf Vergeblichkeit; kein Anruf wird hörbar. Sie kann nicht sagen, wen sie eigentlich antreffen möchte. Die Ahnung steigt auf, daß es ihr in all ihrem Suchen um das große Du geht, um Gott. Der Gedichtband, aus dem die Verse genommen wurden, bestätigt es: »Dem dunklen Gott«.

Der Mensch ist von Grund auf ein Du-Suchender; er lauscht ins Absolute; er hört auf Gott. Und dieser Mensch ist Paula Ludwig; dieser Mensch bin ich. Wo aber die Antwort ausbleibt, verhängt sich das Fenster der Seele mit Tränen, fällt Regen, senkt sich Nacht.

Die Blumen-Skulptur hellt diese schwermütige Dämmerung auf. Ihre Farben sind klar, ihre Umrisse eindeutig; ihr Material ist sicher zusammengesetzt: Schwarz und Weiß, Rot und Grün, Grau und Braun, Schale und Vasen, Licht und Schatten, Zweige und Blätter, Knospen und Steine begegnen sich, sprechen miteinander, bilden Harmonie. Man ahnt Ruf und Gegenruf, Frage und Antwort. Zwar steht zwischen den beiden Blumengruppen wie eine Wand der breite Zweig. Er ist voll Dornen; er scheint ungefüge, eckig. Aber auch er ist durch die zarten Blätter schon freundlicher geworden. Er trennt zwar, aber die Trennung tut nicht mehr weh. Das Fenster ist durchsichtig, offen. Das Gespräch hat begonnen; das Horchen weiß, daß es gerufen ist. Das Warten bleibt noch, aber es ahnt schon die Begegnung.

Der Eindruck wird immer deutlicher. Die vordere Blumengruppe ist rund, vollendet, wie eine Kuppel, aus der der Zweig des Lebens sprießt. Hier ist Heimat, Gefunden-haben. Die hintere hingegen scheint sich zu recken, wartend, in den Regen, in die Dunkelheit hinein, lauschend...

Doch man darf Deutungen nicht zu weit treiben; man muß sie wieder zurücknehmen und das Ikebana anschauen. Darin steigt wie auf einer Brücke der drei Blumengefäße der Sinn zu uns hinab; dies ist kein Warten ins Dunkel; es ist Erwartung des Findens.

Die Frage geht an das Gedicht zurück. Wohin horcht es? Wohin horchen wir in der Mitte unseres Herzens? In ein Dunkel hinein, wo der »jemand« zum »niemand« wird? Wohin richtet sich der Blick des Gottsuchers? In den Abgrund des Nichts? In die Weite des Selbst? Oder auf ein Gesicht? Auf Augen? Auf einen Mund, der uns anspricht?

In der schlichten Begegnung von Mensch zu Mensch, von Händedruck zu Händedruck, von Wort zu Wort, liegt soviel Licht, soviel Helligkeit, daß kein anderes Licht strahlender sein kann.

Ob das nicht in den Worten Jesu aufleuchtet, da er sagt: Was ihr dem geringsten meiner Brüder und meiner Schwestern tut, das tut ihr mir? Wo suchen wir Gott? Jenseits dieser Begegnung mit dem Menschen?

Es ist nicht gut, einen Gott jenseits der Menschen zu suchen. Zu leicht wird er zu einem Gott, der im Dunkeln versinkt und den Regenvorhang der Schwermut zurückläßt. Wie menschlich aber ist doch die Botschaft von einem Gott, der Mensch geworden ist!

Der Augenblick des Fensters

Jemand schüttet Licht
Aus dem Fenster.
Die Rosen der Luft
Blühen auf,
Und in der Straße
Heben die Kinder beim Spiel
Die Augen.
Tauben naschen
Von seiner Süße.
Die Mädchen werden schön
Und die Männer sanft
Von diesem Licht.
Aber ehe es ihnen die anderen sagen,
Ist das Fenster von jemandem
Wieder geschlossen worden.

Karl Krolow

Ikebana-Form:	Modernes Shoka – Sanshuike
Material:	Lauch – Allium kansuense
	Wermut – Artemisia
	Anemone – Anemone japonica
Gefäß:	Keramikschale – Horst Kerstan,
	BRD 1976
	∅ 16 cm; H 5,5 cm

Es war in Südtirol, in Brixen. Mit südlicher Eile war die Sonne untergegangen und hatte alle Helligkeit mit sich genommen. Wir traten aus der Weinstube auf die Gasse in einen der engen Laubengänge. Da öffnete sich ein Fenster und – tatsächlich – jemand schüttete Licht aus dem Fenster. Sein Schein fiel in eine verborgene Straßenecke, wo sich Gräser, Unkraut und einige Blumen durchs Pflaster hindurchgekämpft hatten. Jetzt, im Gold des Lichts und eingerahmt von der Klarheit der Nacht blühte ihre Schönheit auf.

Eine solche Erfahrung lebt in Karl Krolows (geb. 1915) Gedicht. Wenig Worte braucht er, um das Licht zu schildern, wie es die Welt verzaubert, wie es die Schönheit der Dinge in die Erfahrung hebt. Man ahnt, warum die Mystik aller Völker Gott und Gottes Schöpfermacht als Licht beschrieb. Warum die Sonne in Ägypten, im alten Amerika und in vielen Kulturen als alleiniger Urgott gefeiert wurde.

Diesen Menschen war das Licht nicht nur Gleichnis; es war die schöpferische Wirklichkeit selbst. Von Gott, dem Quell alles Hellen, fließt Licht in ewigen Strömen und schenkt der Welt mit all ihrer Schönheit und Güte und Wahrheit das Dasein. »Licht vom Licht« ruft Johannes dem Logos zu und preist sein ewiges Leben in Gott.

Doch bei Krolow leuchtet das Licht nur einen Augenblick; es ist ein schon vergangener Schein. Zurück bleibt verblühte, verhärmte Wirklichkeit. Daß sie einmal – einen Augenblick lang – im Licht stand, macht ihr Dasein noch grausamer (statt sanft), noch häßlicher (statt schön). Ob nicht dieser »Jemand« (die Gedichtfolge heißt: Jemand) ein böser Dämon ist, der uns mit der Fata Morgana eines Lichtstrahls betrügen und in die Finsternis der Nacht stoßen will?

Das Ikebana sieht die Wirklichkeit anders; aber es schwelgt keineswegs in romantischer Verzückung. Die Farben sind zurückhaltend, die Formen schlicht. Das Licht ist einfach da – selbstverständlich hell, ohne Pathos, ohne Aufmerksamkeit zu erzwingen. Unwillkürlich geht der Blick an der Skulptur entlang – von unten nach oben. Aus der breiten, offenen Schale wächst, sicher und bewußt, der eine Stamm, aus dem die Blumen emporsteigen. Man sollte zunächst bei der Schale verharren, sie bewundern, ihre behutsame Rundung, das lebendige Grau, den spiegelnden Lichtschein. Sicher auf dem klaren Fuß ruhend, steigen aus ihr Blätter und Blumen empor, überragt von der aufstrebenden Alliumblüte, deren Blütenkopf sich wieder zurückneigt zur Schale. Zwei weitere Alliumblüten tanzen um den Stamm und stehen miteinander im Gespräch. In der Mitte aber vereint die dichte Blütengruppe alles wie in einer Hand, die die Kraft des Leben birgt; ein Leben, das in ruhiger Fülle alle Farben der Blumenskulptur sammelt und ordnet. Drei Blätter schwingen aus dieser Lebensmitte heraus, unterfassen den Tanz der Alliumblüten und übersetzten die Offenheit der Blumenschale in die Bewegung der Blumen: Tanz des Lebens.

Das Ikebana setzt den Versen Krolows kein hartes Nein entgegen. Es greift die Zartheit seiner Erfahrung auf, erfüllt sie aber mit Zuversicht von Bestand. Das Licht der Blumen ist keine Täuschung, ist nicht nur der Augenblick; es ist die Wahrheit des Lebens.

Einmal ...

EIN DRÖHNEN: es ist
die Wahrheit selbst
unter die Menschen
getreten,
mitten ins
Metapherngestöber.

(aus *Atemwende)*

EINMAL,
da hörte ich ihn,
da wusch er die Welt,
ungesehen, nachtlang,
wirklich.

Eins und Unendlich,
vernichtet,
ichten.

Licht war. Rettung.

(aus *Atemwende*)

UND KRAFT UND SCHMERZ
und was mich stieß
und trieb und hielt:

Hall-Schalt-
Jahre,

Fichtenrausch, einmal,

die wildernde Überzeugung,
daß dies anders zu sagen sei als
so.

(aus *Schneepart*)

Paul Celan

Ikebana-Form: Jiyuka – Freie Form
Material: Kiefer – Pinus mugo
Sommerlinde – Tilia platyphyllos
Wacholder – Juniperus chinensis
Amaryllis – Amaryllis
Johanniskraut – Hypericum calycinum
Gefäß: Keramikschale – Margarethe Walter, BRD 1977
∅ 44 cm; H 6 cm

In den fünfziger Jahren ging Paul Celans Stern kometengleich auf. Die literarische Welt spürte: Hier schreibt ein Mensch seine Existenz, und diese seine Existenz ist ein Gleichnis unserer Zeit. Hineingenommen war das Schicksal des jüdischen Volkes – Paul Celan entging wie durch ein Wunder der Vernichtung seiner Blutsgenossen. Hineingenommen war die abendländische Kultur – Paul Celan fand in Paris seine zweite Heimat. Hineingenommen war die chassidische Schwermut der Balkan-Weite – Paul Celan wurde 1920 in der Bukowina als Auslandsdeutscher geboren.

In seiner Lyrik sind Wortlaut und Wortinhalt eins geworden. Schon der Klang der Verse wird zur Aussage: *Ein Dröhnen* – steil aufsteigend wie von einem tibetanischen Gong. *Die Wahrheit selbst* – majestätisch steht sie da; sie muß nicht erst verkündet werden; sie ist. *Es ist* – die Zeilenverschiebung erhebt die schlichten Worte zur metaphysischen Aussage. Vor dieser Proklamation zerstiebt alles andere wie *Metapherngestöber.*

Das zweite Gedicht versucht die Erfahrung greifbar zu machen. Es beginnt im Urgrund. Tief und geborgen – *wuschwelt-ungesehn-nachtlang* – spielt sich eine mythische Reinigung ab. Aber sie ist *wirklich.* Und so steigt von dort die Pyramide der Erfahrung empor: Die Basis – *Eins und Unendlich,* ein einziges, was zugleich alles umfaßt; so sprach Thomas von Aquin über Gott. Und darauf hochstrebend in spitzen I-Lauten – *Vernichtet-Ichten;* aus dem »vergangenen« Nichts erhebt sich die Gegenwart des Ich; der Wortstamm »ichten« hängt mit Sein zusammen. Aus der Spitze bricht die Fontäne – *Licht war Rettung,* eine Erfahrung des Ganzen, des Sinns. Paul Celan gelingt es, Unsagbares sagbar zu machen.

Das Blumen-Arrangement stellt diese Erfahrung dar. Es lebt und es brodelt, die Turbulenz von Werden und Wachsen ist eingefangen und zur Mitte hin gesammelt. Die Kiefernnadeln strotzen vor Kraft. Der hellgrüne Wacholderzweig streckt sich hoch wie eine Lebensnabe. Das Rot der Amaryllen leuchtet: *Es ist die Wahrheit selbst...* Als Paul Celan 1970 den Freitod wählte, hatte er gerade den Band mit dem letzten Gedicht in Druck gegeben. Die große Erfahrung: *Fichtenrausch, einmal,* klingt als Kindermärchen nach. Über lange Zeit – *Hall-Schalt-Jahre* – gab sie dem Dichter den Auftrag zum Sprechen. *Hall-Jahr* ist die lutherische Übersetzung für das Jubel-Jahr, das fünfzigste Jahr, in dem die Juden Gottes Größe feiern sollten. Hier aber hallt ein hohles Echo, das im unruhigen, hin-und-herschallenden *und-und-und-und-und* den Schmerz hörbar macht. Das spitze I in den Verben der ersten Strophe schmerzt; man wird zerrissen von der *Kraft,* die zum Sagen antreibt, und dem *Schmerz* des Nicht-Sagenkönnens. Die letzte Strophe schreit das endgültige Scheitern aus. Die beiden Buchstaben: *So* sind Ausdruck nackter Verzweiflung.

Das Leben mit der Fülle von Grün und abermals Grün schenkt nicht nur eine Erinnerung an Vergangenes. Es ist Gegenwart, die keimt und sproßt – ins leuchtende Rot hinein. Kaum erkennbar, aber bedeutungsvoll funkeln in ihm goldene Samenkörner der Ewigkeit.

Schatten Rosen Schatten

Unter einem fremden Himmel
Schatten Rosen
Schatten
auf einer fremden Erde
zwischen Rosen und Schatten
in einem fremden Wasser
mein Schatten

Ingeborg Bachmann

Ikebana-Form:	Jiyuka – Freie Form
Material:	Weißdorn – Crataegus monogyna Mädchenauge – Coreopsis Frauenmantel – Alchemilla mollis
Gefäß:	Keramikschale – Detlev von Liebermann, BRD 1971 L 30 cm; B 11 cm; H 9 cm

Schatten, Schatten, Schatten. Über Gefäß und Zweige hinweg wird der Blick magisch angezogen von den Schatten der Blumen. Es sind die Schatten, in deren Bann auch die Verse Ingeborg Bachmanns (1926–1973) stehen. Drei-, viermal vervielfältigt sich der Schatten auf dem Bild, so als ob er dem Blumen-Arrangement alle Wirklichkeit entziehen wollte. Und zwischen Blumen und Schatten zieht sich ein scharfer Horizont. – Wo ist die Wirklichkeit? Wo ist der Schatten?

Der gesunde Menschenverstand mahnt eindringlich: Schatten sind nur Schatten. Die Wirklichkeit ist doch die geschwungene, erdfarbene Sichelschale. Die Wirklichkeit wächst doch als grünender Zweig aus ihr, gabelt sich nach oben und unterfaßt zugleich – fast liebevoll – das Arrangement. Die Wirklichkeit sind doch die goldgelben Blütensterne, die aus dem hellen Grün emporschauen.

Aber wir bleiben verwirrt. Die Schatten wachsen drohender, steigen aus der Tiefe des Raums nach vorne, übersteigen die Frühlingsfröhlichkeit der Blumen und drohen sie zu ersticken. Es wird unheimlich. Nicht von fremdher kommt der Schatten. Es sind die Blumen und Zweige selbst, die ihn werfen und über die er übermächtig zu werden droht. Sein gespenstisches Widerlicht scheint greifbarer zu leuchten als das Blumen-Arrangement in seiner Helle; die Schatten werden stärker als ihr Ursprung.

Ingeborg Bachmann scheint in ihren Versen die Ahnung der Blumen zu bestätigen. Man weiß von dem tragischen Verbrennungstod der Dichterin, der wie ein freiwilliges Martyrium aussah. Im Gedicht bekennt sie sich fremd in dieser Wirklichkeit, dreimal fremd. Unter dem Himmel scheinen Schatten und Rosen noch beieinander zu stehen. Auf der Erde – auch sie ist fremd – tut sich eine Schlucht auf: Hier Schatten – dort Rosen. Und dazwischen im Wasser bleibt nur noch Schatten zurück; es ist ihr Schatten. Zum erstenmal tritt jetzt die Dichterin selbst ins Gedicht hinein; sie selbst, ihr Schatten, ihr Wirken. Ist alles, was sie tat, nur Schatten? Unter fremdem Himmel, auf fremder Erde, in fremdem Wasser? Ist ihr Dichten nur Schatten? Ist der Sinn ihres Lebens, ist sie selbst nur Schatten?

Was bin ich selbst in meinem Wirken, in meinem Dasein? Bin ich Schatten oder bin ich Wirklichkeit?

Wie gut, daß das Wasser auf dem Bild unsichtbar bleibt und daß die erdfarbene Sichelschale mit dem lebendigen Grün fest auf dem Boden aufsteht. Wasser hätte das Grau und das Grün und das Gelb von neuem und fahl widergespiegelt. Wasser hätte uns angedeutet, daß unser Wirken und unsere Wirklichkeit nur Spiegelbild, nur Schein-Wirklichkeit ist.

So aber erwächst aus dem Blumen-Arrangement Hoffnung. Wir dürfen mit den Augen an dem grünenden Ast entlangwandern. Er steigt aus dem Gesteck empor, widersteht den Schatten und verleiht den Blüten Schutz vor dem Verfall zur Unwirklichkeit. Es verheißt Hoffnung auf Bestand, auf »wirkliche« Wirklichkeit.

Das »Fremde« wird sich einmal als Heimat zeigen, als Wirklichkeit, als Blüte. Der Schatten wird zurückfinden zur Rose, die ihn geworfen hat.

Fußnote zu Rom

Ich werfe keine Münzen in den Brunnen,
ich will nicht wiederkommen.

Zuviel Abendland,
verdächtig.

Zuviel Welt ausgespart.
Keine Möglichkeit
für Steingärten.

Günter Eich

Ikebana-Form:	Jiyuka – Freie Form
Material:	Palme – Phoenix
	Pfingstrose (Fruchtstände) – Paeonia lutea
	Edeldistel – Eryngium amethystinum
	Venidio-Arctotis
	Meerlavendel – Limonium (früher: Statice)
Gefäß:	Glasvase – Aalto,
	Finnland 1974
	L 22 cm; B 17 cm; H 15,5 cm

Wir hätten Günter Eich (1907–1972) eher zugestimmt, wenn er sich von Autobahnen und Wohnbunkern abgewandt hätte. Aber es ist Rom, die ewige Stadt, und ihr ausladender barocker Brunnen, Fontana di Trevi, dem er den Rücken kehrt. Nach altem Brauch wirft der Besucher eine Münze hinein; das soll ein Wiedersehen bringen. Bei Günter Eich aber wird Fontana di Trevi zur Metapher für das Abendland schlechthin. Er lehnt alles ab. Er hätte ebensogut sagen können: Ich sprenge Chartres in die Luft; ich planiere den Parthenon; »ich will nicht wiederkommen...«

Das Gegenbild des Steingartens zeigt: warum! Es erinnert an ein Erlebnis in Kyoto. Günter Eich beschreibt es in dem Gedichtband: »Anlässe und Steingärten«. Wie ein Kommentar zu unserer »Fußnote« klingt es, wenn auf dem letzten Blatt dieser Sammlung der Steingarten Ryoanji beschrieben wird: »Mir sind auch Fotoapparate fremd / und die Kiefern im Blumentopf. / Die Kakifrüchte verstehe ich besser / und das heulende Altjapanisch / und die Verbeugungen am Ende der Rolltreppe / und den rohen Fisch. / ... wir siedeln uns nicht mehr an, / wir lehren unsere Töchter und Söhne die Igelwörter / und halten auf Unordnung, / unseren Freunden mißlingt die Welt«. Die totale Negation läßt erschrecken: Günter Eich nimmt Abschied vom Abendland; nicht nur von seiner Technik, sondern auch von seiner Kultur, seiner Kunst. Er flüchtet auch nicht in zierliche japanische Steingärten; die »rohe« unmittelbare Direktheit zur Natur zieht ihn an.

Das Ikebana greift Eichs Kritik auf, führt sie aber ganz anders aus: Nicht das Abendland, sondern seine hochmütige Verzerrung wird kritisiert. Pflanzen und Vase wirken stolz, sind kalt. Die beschnittenen Palmenblätter sind schön, aber gekünstelt. Die differenzierte Vasenstruktur weist den Betrachter ab. In welchem Zimmer könnte eine solche Skulptur stehen? Doch schon im Wort »Zimmer« liegt zuviel Wärme. Es muß eine Vorhalle sein, keine, die zur gemütlichen Bar führt, auch keine, die sich zur Fabrikhalle mit Arbeit und Kohlenstaub öffnet. Das Ikebana sollte neben der Tür zum Direktorenzimmer stehen, wo mit Menschen umgegangen wird wie mit Zahlen, wo der Computer und nicht der Mensch herrscht. Alles ist klinisch sauber, die Architektur vollendet, aber ohne Ausstrahlung und auch ohne den Nippes und den Staub, der alte Büros so liebenswert macht. Ein zartes Gespinst mit violetten Blüten und Samenkapseln von Pfingstrosen möchte zwar Wärme vermitteln; aber es wird absorbiert durch Vornehmheit, durch kühlen Marmor, Abweisung.

Davor flieht Günter Eich mit Recht. Aber ob man ihm folgen darf, wenn er ausgerechnet den Brunnen im Herzen von Rom zur Metapher für Kälte und Fremde macht? Wenn er gegen das Abendland schlechthin polemisiert; Ob man nicht lieber die Blumen-Skulptur akzeptieren sollte? Auch zeigt sie eine Gegenwelt, in der die Schönheit von Weiß und Grün und Violett zur Kälte und Distanz geworden sind. Das ist Schönheit, die wir mit Günter Eich fliehen sollten. Doch es gibt auch andere Schönheit. Das Ikebana macht den Kern seiner Erfahrung sichtbar: Nicht jede Schönheit gibt dem Leben Sinn und Wahrheit. Schönheit kann erstarren, erkalten wie Luzifer, der herrlichste der Engel. Aber das ist eine betrügerische Schönheit, eine herrschsüchtige Herrlichkeit.

Ein Winterabend

Wenn der Schnee ans Fenster fällt,
Lang die Abendglocke läutet,
Vielen ist der Tisch bereitet
Und das Haus ist wohlbestellt.

Mancher auf der Wanderschaft
Kommt ans Tor auf dunklen Pfaden.
Golden blüht der Baum der Gnaden
Aus der Erde kühlem Saft.

Wanderer tritt still herein;
Schmerz versteinerte die Schwelle.
Da erglänzt in reiner Helle
Auf dem Tische Brot und Wein.

Georg Trakl

Ikebana-Form:	Jiyuka – Freie Form
Material:	Korkenzieherhasel – Corylus avellana var. contorta Buche (Aststück) – Fagus Rose – Rosa
Gefäß:	Specksteingefäß mit Deckel, Irak 19. Jahrhundert Gefäß: ∅ 22 cm; H 11 cm Deckel: ∅ 14 cm; H 10 cm

Die Dichtung Georg Trakls (1887–1914) ist schwermütig; mit dunklem Braun malt er Stimmungen, die »dämmerig, tropfend« (so seine Lieblingsbilder) seine Verse durchziehen. Aus solchen Lebenserfahrungen heraus setzte er als österreichischer Offizier des ersten Weltkriegs seinem Leben freiwillig ein Ende. Die halbdunkle Melancholie prägt auch dieses Gedicht: Winter, Abend, Schnee, Dunkelheit, Wanderung, Schmerz, Stein. Doch hier gelingt es Trakl noch einmal, die Schwelle der Schwermut zu überschreiten und einzutreten in das Haus mit Brot und Wein auf dem Tisch. Ob er an das Abendmahl Jesu und der Kirche gedacht hat?

Das gleichmäßige, ruhig fließende Versmaß mit den Endreimen besingt die Erfahrung eines Künstlers, der unter Schmerzen zu seinem Werk findet. Die Schönheit der Strophen ist die Frucht dunkler Nächte und angstvoller Träume. Ihre Geborgenheit wurde im Leid geboren. Der »Baum der Gnaden« erwuchs aus unbekannter »kühler Erde«.

Das Ikebana scheint die Parabel der Dichtung Wort für Wort nachgestalten zu wollen. Aber alles ist um einen Ton froher. Vielleicht kommt das von dem leuchtenden Rot und dem satten Grün (die nicht zu den Lieblingsfarben Trakls gehörten); vielleicht ist die Natur auch nicht fähig, so extrem Freude und Trauer auszusprechen, wie es dem menschlichen Wort gelingt. Doch auch das Arrangement führt einen Weg, wo Schatten drohen und seltsame Gebilde uns entgegenwachsen. Ein Tor öffnet sich und läßt uns einen Blick werfen in den Raum von ruhiger Schönheit. Im Dunkel wird Helle geboren; und deshalb ist das Dunkel nicht mehr finster, sondern behütend. Alte, erdnahe, aus Stein gehauene Gefäße stellen die Geborgenheit des Abends in den hellen Raum. Und dort erblüht die leuchtende Rose; dort erwächst der knospende Zweig der Drehhasel. Wort und Bild atmen Übereinstimmung. Doch bei Trakl sind wir Wanderer, die an der Schwelle stehenbleiben oder nur kurz eintreten dürfen – weil wir morgen weitergehen, wieder hinaus in den kalten Winter. Im Ikebana aber siegt das Blühen. Brot und Wein auf dem Tisch sind nicht nur Traum des Friedens, nicht nur Wegzehrung, die zum weiteren Marsch in den Winter hinein stärkt. Das Ikebana setzt Wirklichkeit frei, nimmt auf und macht den Wanderer zum Hausgenossen der Geborgenheit. Ob sich Trakl nicht doch an das Brot und den Wein erinnert hat, in denen Jesus den Menschen Teilnahme an seinem Leben in Gott schenkte, wie die erste Fassung des gleichen Gedichtes noch deutlicher nahelegt?

Menschen

Im Kreis gehen die Menschen
im Käfig ihres Planeten,
weil sie vergessen haben,
daß man zum Himmel aufblicken kann.

Eugène Ionesco

Ikebana-Form:	Jiyuka – Freie Form
Material:	Tozuru – Tozuru spezial Ehrenpreis – Elsholtzia stauntonii Schafgarbe – Achilléa Frauenmantel – Alchemilla mollis Yamashida-Farn – Adiantum
Gefäß:	Keramik-Gitterschale – Prof. Sartori, Italien 1977 L 42 cm; B 39 cm; H 12 cm

Schön, unwirklich schön, wie ein Feenmärchen! Ein geheimes Licht hat das Arrangement der Blumen (es sind schlichte Feld- und Wiesengewächse) in ein Traumgebilde verwandelt. Alles scheint so durchsichtig geworden zu sein, daß es nicht mehr es selbst ist. In die diaphane Dunkelheit des Raumes ist ein Spiegelbild geworfen, das nochmals geheimnisvoller, schweigender, schwebender, ahnender leuchtet.

Doch schnell wird der Betrachter unruhig. Was wollen die abgestorbenen, hölzernen Arme, die sich zu unlösbaren Knoten verschlingen? Sie übergreifen und untergreifen und durchgreifen die Blumen; wie ein bösartiges Windenunkraut, das alles Leben fesseln und ersticken möchte. Sie selbst sind ja schon tot, trotz ihres Wachsens; weiße, durchsichtige, seelenlose Roboterarme. Die Matte über ihrem fahlen Spiegelbild ist keine bergende Schale, sondern eine Geisterbrücke, zerbrechlich und hineinziehend in den Untergang.

Das Ikebana ist schön und zugleich drohend. Ob nicht so die Schönheit Luzifers gewesen ist, als er sich vom Sonnenlicht Gottes abwandte zur eigenen Schönheit, zum kalten, selbstgeschaffenen Licht des eigenen Wesens?

Jetzt versetzen Ionescos (geb. 1912) Verse in noch dunklere Angst. Der eigene Käfig: Ja, die toten Arme sind in Wirklichkeit ein Drahtgeflecht, das durch einen Jahrmarkts-Trick von innen her zum Leuchten gebracht wurde. Ob nicht der gleiche Trickkünstler auch das schwarze Spiegelbild aus der Tiefe aufsteigen ließ? Blumen und Blätter haben Gefallen gefunden an dieser perversen Schönheit; sie verwandeln sich langsam in das blaukalte Licht von Neon-Röhren. Ihr Im-Kreise-Gehen verknotet sich, verstrickt sich im Selbstgenügen. Eine einzige Blumendolde hat sich freigekämpft; sie strebt nach oben, zum wahren Licht. Hoffentlich gelingt es ihr, sich aus dem Schlangenarm des fahlen Holzes freizuwinden!

Aber all das bleibt schön, leuchtend, märchenhaft schön. Doch es ist eine Gegenschönheit. Man kennt ähnliche Bilder des surrealistischen Malers Delvaux: eine Schönheit ohne Geschenk und Licht, ohne Höhe, ohne Himmel, ohne Gott.

Wenn doch der Blumendolde der Ausbruch gelänge; wenn sie doch den Ausblick nach oben öffnen könnte! Wenn doch die Menschen zum Himmel aufblicken wollten! Wenn doch die irdische Schönheit bekennen wollte, daß all ihr Licht ein Geschenk ist, vom Himmel, von Gott!

Epilog 1949 – V

Die vielen Dinge, die du tief versiegelt
durch deine Tage trägst in dir allein,
die du auch im Gespräche nie entriegelt,
in keinen Brief und Blick sie ließest ein,

die schweigenden, die guten und die bösen,
die so erlittenen, darin du gehst,
die kannst du erst in jener Sphäre lösen,
in der du stirbst und endend auferstehst.

Gottfried Benn

Ikebana-Form:	Nageire – Freie Form
Material:	Perückenstrauch – Cotinus coggygria Kartoffelgewächsblüten – Salpiglossis sinuata
Gefäß:	Jugendstil-Glasvase, Anfang 20. Jahrhundert L 5 cm; B 5 cm; H 21 cm

Die Verse sträuben sich gegen Gestaltwerden und Sichtbarkeit. Gottfried Benn (1886–1956) spielt ja auch keineswegs auf christliche Auferstehungshoffnung an. Seine Metaphern möchten eine Erfahrungsschicht im Menschen freilegen, die unsagbar bleibt. Alle Sichtbarkeit, auch die von Ich und Du, muß sterben – und dann taucht die leere Unendlichkeit auf, das Nichts, das alleine Bestand hat. In diese »Sphäre« hinein verweist uns das Stichwort: Auferstehen. Benn hat die Negation in seinem pessimistischen, lyrischen Schaffen oft genug betont: »und wieder Dunkel, ungeheuer, / im leeren Raum um Welt und Ich«. Er predigt Hoffnungslosigkeit als den einzigen Ausweg des Menschen.

Aber gibt es überhaupt eine völlig schwarze Hoffnungslosigkeit? Ist nicht selbst die letzte Verzweiflungstat eines Menschen durchzogen von der ahnenden Hoffnung auf Gutes, auf Richtiges? Und tastet nicht auch Benns Epilog (das heißt: Nachwort, Nachgesang) die Erfahrung ab nach dem Dennoch der Hoffnung? »Du – in dir – versiegelt – schweigend – erlitten«. Und klingt in dem ewigen Hoffnungswort der Menschen von Auferstehen nicht schon deshalb Zukunft und Vertrauen, weil Benn es braucht?

Das Ikebana greift den vorsichtigen Dialog mit der Hoffnung auf und führt ihn weiter zu dem behutsamen Gespräch der Blumen mit ihren Schatten.

Aber die Blumen-Skulptur ist von anderswoher entworfen, vom Wissen um Sinn (oder sollte man lieber von Glauben und Vertrauen sprechen). Die zarten Formen lösen sich aus dem Dunkel und geben dem Dunkel eine Atmosphäre von Klarheit, ja sogar Helligkeit zurück.

Welche Attribute, Eigenschaftsworte passen zum Arrangement? Stolz? Doch dafür ist es zu gebrechlich! Ist es dekadent, wie die Jugendstilvase anzudeuten scheint? Doch dafür ist es zu deutlich und zu genau; bis in die zarten Äste des Perückenstrauches bleibt es klar wie eine Federzeichnung. Ist es kalt? Sicher spürt man noch den eisigen Hauch der Sprache Gottfried Benns; doch das Auge bleibt am roten Blütenstern hängen, der die breiteren, zart-roten Blätter des Perückenstrauchs bewußt macht. Das Ikebana ist nicht kalt; es strahlt eine Ruhe aus, die nicht überheblich ist; in zurückhaltender Gewißheit weiß es um Schönheit, um Form, um Gestalt, um Sinn.

Gottfried Benn steht am Rande der Verzweiflung; aber – wollend oder nichtwollend – ahnt er einen Sinn noch jenseits seines Wissens um Un-Sinn. Die Fotografie des Ikebana kommt her vom Wissen um Sinn; aber sie spricht ihre Erfahrung so behutsam aus, daß vielleicht auch der Verzweifelte diesen Sinn zu ahnen beginnt.

Hand unter Wasser

Als hätte sie nie was getan
und keine andere
Hand berührt.
Sonderbares Tier
eine Blume
traumweit entfernt
mit dem Anschein ein Ding
der anderen Seite zu sein,
unwiderruflich.

Erika Burkart

Wer es könnte ...

Wer es könnte
die Welt
hochwerfen
daß der Wind
hindurchfährt.

Hilde Domin

Ikebana-Form:	Nageire – Freie Form
Material:	Kiefernast (trocken) – Pinus silvestris Mohn – Papaver nudicaule Schleierkraut – Gypsophila paniculata Herbstzeitlosen-Blätter – Colchicum spec.
Gefäß:	Keramikvase – Horst Kerstan, BRD 1977 ∅ 25 cm; H 16 cm

Muß nicht manches vergeblich sein, um wahr zu werden? Muß es nicht aufhören können, um da zu sein? Muß es sich nicht zur Sehnsucht öffnen, um die Gegenwart zu bestehen? Darum klingen die Verse von Hilde Domin (geb. 1912) so froh, so unbeschwert heiter. Gewiß, sie sind knapp, aber sie leuchten ein, ohne einer Erklärung zu bedürfen; man erfühlt sie, bevor man ihre Aussage durchschaut hat. Man schaut dem Kind zu, das den Ball hochwirft, und wird eins mit seinem tanzenden Spiel. Zugleich ist man selbst der Ball, der hochgeworfen wird; Wind und Wetter blasen durch Haare und Hemd – fahren hindurch. Und dann ahnt man: Das ist die wahre Welt, hochgeworfen wie ein Spielball, leicht, luftig, lustig.

Nein, nicht »ist«! Das sollte die Welt sein, hochgeworfen wie ein Spielball, leicht, luftig, lustig; dann wäre sie in Ordnung. Aber sie ist nicht so. Enttäuscht senkt man den Kopf. Die Hände fallen schlaff herunter und bei einigen ballen sie sich sogar zur Faust.

Das Gedicht aber ist schön, weil es träumt, weil es über der Wirklichkeit steht. Selbst der Sprachklang träumt mit: Wer-Welt-Werfen-Wind. Die beiden Zeilen mit nur je einem Wort: Hochwerfen – hindurchfährt, zeigen zugleich den Übermut des Kindes wie die Vergeblichkeit der Lüfte... dazu der seltsam offene Satz, fragend wie klagend: Wer es könnte!

Auch das Ikebana wirft sich in einem großen Bogen in die Höhe; lichtheller Tag, Spiel und Winde. Es ist auch ein Traum. Die Astgabel steht umgekehrt im Raum, stellt die Gesetze der Schwerkraft auf den Kopf und wächst nach unten, bis sie auf ihren fahlen Schatten trifft. Der Raum selbst ist so gegenstandslos hell, daß es einem Angst einjagen könnte... Ja, »könnte«, wenn nicht das Gefäß in schlichter, selbstsicherer Form dastände; wenn nicht aus seinem Bauch (wie kraftvoll und sicher das Wort Bauch klingt, wenn man es von der Glasierung dieser Vase abliest!) Blumen und Blätter emporwachsen würden. Sie sind nicht bunt wie sattes Leben; sie bleiben traumhaft zart. Ihre gewachsenen Formen gehen der Astgabel nach, aber sie fangen deren Bewegung ab und korrigieren sie vorsichtig zur Mitte hin, von wo das Ikebana seinen Aufschwung nimmt. Sie lassen offen, und schenken doch schon – wie die zarten weißen Blüten verheißen – Gegenwartswirklichkeit, schenken die spielerische Freude des Hochwerfens, daß der Wind hindurchfährt.

Träumen wir doch unsere frohen, leichtmachenden Träume. Lassen wir doch einmal die Erinnerung an Dunkelheit und Angst beiseite und werfen die Blumen der Zukunft hoch in die Luft, daß der Wind durch sie hindurchfährt. Unsere Gegenwart wird dadurch froher.

Tour de France

Als die Spitzengruppe
von einem Zitronenfalter
überholt wurde,
gaben viele Radfahrer das Rennen auf.

Günter Grass

Ikebana-Form:	Nageire – Freie Form
Material:	Waldrebe – Clematis Hybride »Ernest Markham«
Gefäß:	Kalebasse mit Leder, Afrika 19. Jahrhundert ∅ 25 cm; H 27 cm

So selbstbewußt, so humorvoll und prall wie Günter Grass (geb. 1927) in seinen Romanen erzählt, so steht auch die Kalebasse auf dem schwarzen, aber gar nicht dunklen Hintergrund des Bildes.

Die unpathetische Sprache der vier Zeilen ist klar. Ihr Humor beginnt zu funkeln und läßt Weisheit aufblitzen. Tour de France – das Rennen der Fahrrad-Giganten durch Frankreich. Die Franzosen sprechen von der Tour de Souffrances, von der Tour der Leiden. Erschöpft und verschwitzt kämpfen die acht oder zehn Fahrer an der Spitze um den Sieg, der da vorne wartet. Da – ein Zitronenfalter – ein leichtes, gelbes Etwas. Zuerst flattert er ziellos zwischen den Fahrern umher; dann zieht der Schmetterling weg, nach vorne – die Spitzengruppe ist überholt, hat das Nach-Sehen.

Kinder haschen auf der Wiese nach Zitronenfaltern. Wenn sie mit tolpatschigen Händen einen ergreifen, bleibt nur Staub zwischen den Fingern. Ein Zitronenfalter – kein farbenprächtiges Pfauenauge – setzt Leichtigkeit gegen Leistung, Anmut gegen Arbeit, Flattern gegen Treten. Wen wundert es, daß viele Radfahrer das Rennen aufgeben.

Erzählt Grass einen Scherz oder eine Parabel für unser Leben? Welch ein Glück, daß er nicht den Zeigefinger des Moralpredigers erhebt. So sitzen die vier Zeilen. Wir haben vergessen, daß das Wichtigste nicht die Leistung, sondern das Geschenk ist. Geschenk, das meint »Gnade«, und Gnade (griechisch: Charis) hat zu tun mit Anmut, Leichtigkeit, Schweben, und Tanzen – wie ein Zitronenfalter. Wir aber legen die Maßstäbe an: Wieviel? Wie effektiv? Wie tüchtig? Wir vergessen zu tanzen, zu schweben – wie der gelbe Fleck es tut, der vor der Nase der verdreckten, ausgepumpten Radfahrer flattert.

Das Ikebana greift den Scherz auf. Vielleicht hat ein afrikanischer Hirte die schäbige Kalebasse verschenkt, weil sie ihm zu abgenutzt war. Die Tragschnur ist zerfetzt, und der Spund ist eingerissen. Aber dennoch steht sie ganz behäbig da: Ich bin Ich! Mir gehört alles Licht! Frech wie um einen Zottelbären windet sich um sie die Clematisranke. Ja, sie scheint die alte, gutmütige Kalebasse zu necken. Glücklicherweise hat diese nämlich aufgehört, verschwitzte und angestrengte Lebensaufgaben zu verrichten. Auch sie ist schon angesteckt vom Tanz des Zitronenfalters.

Und unser Falter? Ist es die rote, leicht zerknitterte Blüte? Ist es die zarte Knospe? Oder der Blütenfruchtstand, der alle Blätter abwarf und sich leichtsinnig nach oben reckt? Oder beginnt gar die ganze Kalebasse vor unseren Augen zu tanzen und lacht uns aus, die wir keuchend in die Pedale treten?

Ob Günter Grass nicht vielleicht Gnade mit Frechheit übersetzen würde? Sicherlich aber mit Leichtigkeit und Anmut, mit Tanzen und Schweben!

Nach dem Gebet

Nach dem Gebet
das Weltall mit einem Finger aufheben,
spielend leicht,
wie Jesus als Kind
auf barocken Altären
die Weltkugel hält.

Beten heißt:
sich von den Engeln
die Flügel ausborgen.

Martin Gutl

Rudern zwei ...

Rudern zwei ein boot,
der eine kundig der sterne,
der andre kundig der stürme,
wird der eine führn durch die sterne,
wird der andre führn durch die stürme,
und am ende, ganz am ende
wird das meer in der erinnerung
blau sein.

Reiner Kunze

Ikebana-Form:	Nageire – Freie Form
Material:	Zwergmispel – Cotoneaster adpressus Sanvitalia procumbens
Gefäß:	Keramikvase – Wilhelm Kuch, BRD 1975 L 18,5 cm; B 6 cm; H 24 cm

Ob man in der Blumen-Skulptur ohne weiteres den Horizont der Sterne, die Gewalt der Stürme, die Ruhe des blauen Meeres ablesen würde, die Reiner Kunze (geb. 1933) aufruft? Man muß sich wohl vorher zu einer persönlichen Erfahrung von Zweisamkeit rückgewandt haben, zu einer stillen, leisen. Auch die Verse Reiner Kunzes stehen ja in einer Zusammenstellung von »Gedichten, die mein Mädchen schwieg«.

Wir saßen im Paddelboot und suchten im Uferschilf den Anlegeplatz. Es war lustig. Der eine paddelte drauflos, der andere schaute aus: Da eine Lücke im Gestrüpp; da eine Weide, die Ufer ankündete. Es war nicht bedrohlich; es war übermütiger Sport von Halbwüchsigen. Aber kindhaft spielend atmeten wir ein, was das Gedicht sagt: Zusammen ins Leben gehen; die Aufgaben teilen; Vereint-Sein im Wissen um die Sterne und Bestehen der Stürme; kundig sein und kraftvoll rudern; führen und sich führen lassen. So gelingt es. Die Schlußverse des Geglücktseins spiegeln nicht nur Erinnerungsträume: meerblau. Sie sind erfahrene Wirklichkeit – daß man sich gefunden hat; daß im Einanderfinden die Welt neu, das Meer blau wird. Und dieses Finden zweier Menschen geschieht im Tun, im Aufeinanderzugehen und im gemeinsamen Bestehen der Aufgabe.

Das Ikebana wiegt schwerer als die geschilderte Erfahrung, aber ist wohl nicht so gewichtig wie das Gedicht. Doch werden dessen Verse nicht auch leichter, wenn man sie mitsummt? Kosmische Dimensionen in singende Worte eingeborgen! Auch das Ikebana zeigt beim weiteren Hinsehen spielerische Züge. Eine etwas skurrile Vase, mit einem weiten scheibenartigen Bauch und darauf heitere Röhrchen-Öffnungen. Leichthin wachsen kleine Sonnenblumen hervor; sie lugen nach unten; der Cotoneasterzweig schwingt sich nach oben und scheint sich zum Kranz zu winden.

Doch dann wird der Schatten bewußt, der dem Betrachter entgegenfällt. Man steigt nur über ihn ins Bild hinein. Die Lackstruktur der Vase wirkt gar nicht mehr so zart, sie erinnert an Meereswellen oder gar an Kampf und Auseinandersetzung. Der Coteoneasterzweig aber ist sperrig, eckig; man vermutet Dornen auf ihm. Das Ikebana gewinnt an Dramatik – gerade weil die Vase so klar in der Mitte des Lichtes steht. Die Bewegung der Zweige setzt eine Antipode zur Rundung der Vase; die Vase ist mit ihrem Schatten konfrontiert und – in ihren Lackstrukturen – selbst voll innerer Spannung. Das Geäst des Cotoneaster aber scheint zum Rad des Lebens zusammenzuschwingen: Blütenkranz, Dornenkrone, Brautkrone.

Die Chinesen nannten dieses Zusammenspiel von Klarheit und Bewegung, von Form und Freiheit, von Stern und Sturm das Tao von Yang und Yin. Reiner Kunze hat dieses Zusammen dort beschrieben, wo es seinen Gipfel hat: zwischen Ich und Du, zwischen ihm und seinem Mädchen; und hat es hineingestellt in die Mitte des Kosmos. Das Ikebana greift diese Synthese von Ruhe und Unruhe auf. Wer die Erfahrung des Zusammenseins und Zusammenhandelns und Zusammenbestehens machen durfte, wird sich in ihm wiedererkennen und wissen: daß hier Aufgabe und Erfüllung seines Lebens liegen.

Bei dir bin ich ein Vogel

Bei Dir
bin ich ein Vogel
in einem laubigen Baum,
wenn ich in Deinen
Höhlen niste,
wird mein krauses Blut
glatt wie Öl.

In Deine Zweige
hänge ich am Tag
meine wilden Beeren,
ich belebe Dein Geäst
mit buntem Gefieder
und streue Lieder
in Deinen Mund.

Ich male Arabesken
auf Deinen ruhigen Grund.

Eveline Hasler

Zehntausend Morgenröten

Diese Hand wird altern
Sie die meinen leisen Kummer streichelte
Mit Glyzinenduft die Nacht betäubte
Und betörender flatterte als ein Falter!
Hand die ich leben sah
Anfällig wie eine Lilie
Berauscht von Morgenröte
Und dürstend nach Mond
Sie wird altern auch sie
Verschämt zu gilben
Kränkliches Elfenbein!
Aber wie die dem Meer entrissene Muschel
Wird sie die Stürme unsrer Liebe wahren.

Yvan Goll

Ikebana-Form:	Nageire – Freie Form
Material:	Blätter der Elfenblume (getrocknet) – Epimedium Knöterich – Polygonum campanulata Eisenhut – Aconitum napellus Perovskia – Perovskia atriplicifolia Kartoffelgewächs-Blüte – Salpiglossis sinuata
Gefäß:	Glasvase – Schule Erwin Eisch, BRD 1975 L 8 cm; B 8 cm; H 29,5 cm

In einem Weinort an der Mosel gingen wir Kinder gern zu unserer alt gewordenen Tante. Von unserem Onkel nahmen wir dabei wenig Notiz. Er war ein stämmiger Herr, der seine Stammtischrunde hochschätzte. Sie dagegen kam uns vor wie Porzellan, zerbrechlich, durchsichtig. Sie schien aus einem Feenmärchen zu stammen, von dorther, wo wir Kinder nur in unseren Träumen waren. Oft schlug sie den Band mit den vergilbten Fotografien auf. Und wir Kinder begannen zu spüren – ohne es zu wissen –, warum ihr gutmütiger Mann sie so verehrte. Diese Hände! Wir streichelten sie, weil sie uns ganz nahe waren. Diese Hände! In ihnen fühlten wir die reife, behutsame Güte unserer alten Tante.

Später sah ich in einem Film eine balinesische Tänzerin. Die gleichen Hände; ebenso durchsichtig, feingliedrig, doch jetzt jung, biegsam. Ausdruck der Seele und leibhafte Gebärde zugleich. Ihr Tanz war wie ein Naturereignis, geschmeidig, raubtierhaft wie von einer Katze und sanft wie von einem Reh. Aber die Hände zeigten mehr: Hier tanzt ein Mensch, ein Du, ein Jemand, der Sehnsucht hat, der liebt, der berühren, der liebkosen kann.

Yvan Goll (1891–1950) besingt eine Hand, die am Rande des Alterns steht. Sie gehört seiner Frau Claire, deren Name mit dem seinen über dem Band der Gedichte steht: Zehntausend Morgenröten. Wir wissen, daß sich in ihrem Zusammenleben Höhen und Tiefen abwechselten; aber immer wieder fanden sich beide. In der Hand seiner Frau besingt Yvan Goll ihre Zartheit und ihre Zärtlichkeit. Man sollte die Bilder der Verse nicht auflösen. Falter, Mond, Duft, Lilie, Elfenbein sind genauer als jede Beschreibung dieser Liebe.

Das Gedicht schaut in die Vergangenheit. Die Hand, die Yvan Goll jetzt streichelt, trägt Alterszeichen. Aber das Alter wird der Hand neue Schönheit schenken, noch zärtlichere, noch durchsichtigere – und wie im Muschelrauschen wird die stürmische Geschichte einer bewegten Liebe in ihr geborgen sein.

Auch das Ikebana steht zwischen Vergangenheit und Zukunft. Die Vase ist kostbar, leicht gebeugt wie ein Finger. Die vergilbten Blätter scheinen das Gold der Abendsonne in die Silberhelle des Mondes zu überführen. Aber sie umgreifen einen Kosmos von Blüten, der auf dem samtenen Hintergrund funkelt als Brosche mit reichen Edelsteinen, mit zarten rosa Rispen, mit kräftigen blauen Blüten; und in der Mitte die eine rote Blume, die als das Herz im Leib der Liebe schlägt.

Die alte Tante kommt wieder in den Sinn; sie war schön und ist von neuem schön geworden, weil sie treu geblieben ist; weil in ihrer Treue die Vergangenheit sich zur Gegenwart hin gesammelt und zur Zukunft hinüber geleitet hat; weil der eine Händedruck der Liebe der gleiche geblieben ist – in allen Stürmen des Lebens, im Abendwerden des Alterns.

Hände alter Menschen sind schön, weil der, dem sie gehören, geliebt und nicht aufgehört hat zu lieben.

Ein Leben nach dem Tode

Glauben Sie fragte man mich
An ein Leben nach dem Tode
Und ich antwortete: ja
Aber dann wußte ich
Keine Auskunft zu geben
Wie das aussehen sollte
Wie ich selber
Aussehen sollte
Dort

Ich wußte nur eines
Keine Hierarchie
Von Heiligen auf goldnen Stühlen sitzend
Kein Niedersturz
Verdammter Seelen
Nur

Nur Liebe frei gewordne
Niemals aufgezehrte
Mich überflutend

Kein Schutzmantel starr aus Gold
Mit Edelsteinen besetzt
Ein spinnwebenleichtes Gewand
Ein Hauch
Mir um die Schultern
Liebkosung schöne Bewegung
Wie einst von tyrrhenischen Wellen
Wie von Worten die hin und her

Wortfetzen
Komm du komm

Schmerzweb mit Tränen besetzt
Berg-und-Tal-Fahrt
Und deine Hand
Wieder in meiner

So lagen wir lasest du vor
Schlief ich ein
Wachte auf
Schlief ein
Wache auf
Deine Stimme empfängt mich
Entläßt mich und immer
so fort

Mehr also, fragen die Frager
Erwarten Sie nicht nach dem Tode?
Und ich antworte
Weniger nicht.

Marie Luise Kaschnitz

Weine aus dir ...

Weine aus dir entfesselte Schwere der Angst
Zwei Schmetterlinge halten das Gewicht der Welten für dich
und ich lege deine Träne in dieses Wort:
Deine Angst ist ins Leuchten geraten —

Nelly Sachs

Ikebana-Form:	Nageire – Freie Form
Material:	Peddigrohr (geschwärzt)
	Mohn – Papaver nudicaule
	Efeu-Fruchtstände – Hedera helix
	Kamelienblätter – Camellia japonica
Gefäß:	Keramikvase – G. und B. Haberland,
	BRD 1975
	⌀ 36 cm, H 10 cm

Es ist nicht mehr erlaubt, den vier Zeilen der deutsch-jüdischen Dichterin (1894–1970) noch weitere Worte hinzuzufügen. Sie hat ihr Schicksal hineingelegt in jedes ihrer Worte. Wer hinhört, weiß, warum man sie eine Prophetin nennt. Ihre ersten großen Gedichte besingen das Geschick ihrer ermordeten Glaubensbrüder und -schwestern. Mit jedem von ihnen ist Nelly Sachs in der Verbannung mitgestorben. Alles, was sie vorher geschrieben hatte, wollte sie als unerheblich aus dem Gedächtnis getilgt haben; und alles, was sie nachher schrieb, blieb von diesem Schmerz des vielfachen Mitsterbens gezeichnet. Aber sie senkte das Leid so tief in ihr eigenes Sein, daß es zu leuchten begann; daß der Schmerz in ihren Worten zur Hoffnung wurde – zart zwar wie ein Schmetterling; aber kann Hoffnung anders als zart erblühen?

Als sie den Nobelpreis erhielt, beugten sich vor der Frau auch die Dichter und Literaten, die ihren Glauben und ihre Hoffnung nicht teilen konnten.

In den vier Zeilen klingen die Geschichte dieser Frau und das Geschick ihres Volkes mit. Die Worte und die Bilder sind feierlich fremd, wie aus einer anderen Welt; und doch sind sie so vertraut und so richtig, daß man in ihnen zu Hause ist. Die Frau, die aus ihnen spricht, hat den Schmerz, den auch wir kennen, tausendfach gelitten. Deshalb darf man sich ihren Worten stellen. Dann aber kann geschehen, was alte Sagen von der Perle berichten: Als die Träne des Schmerzes ins Meer fiel, formte sich um sie herum die Schönheit, die wir in der Perle bewundern.

Das Gebilde aus Blumen entspricht den Versen der Dichterin besser als Deutungen und Auslegungen. Es scheint leicht zu sein wie das Flattern der zwei Schmetterlinge; die Schwere ist hineingehoben in die Helligkeit des Lichtes, in die schwungvollen Bögen, die das Peddigrohr ins Licht zeichnet. Die Bögen umkreisen zwei leuchtend-gelbe Blüten. Es steigt die Ahnung hoch, daß die sattgrünen Blätter einmal schwer waren und aus der Tiefe hervorgehoben werden mußten, um fessellos, frei zu schweben; es steigt die Ahnung hoch, daß die Efeufruchtstände es einmal schwer hatten. Die Vase aber ist wie ein Diskus, den der göttliche Weltenplaner in den leeren Raum hineinschleuderte, daß darauf das Schicksal der Menschen erwachse. Die Vase selbst ist aufgerissen, hat brutale Kanten; eine Erinnerung ihrer Dunkelheit haftet auch noch an der Schwärze des Peddigrohrs, das sich in den hellen Raum hineinwirft. Doch eine einzige Harmonie, ein einziger Sinn umgreift die Spannung des Bildes. Es ist schön und wird noch schöner werden.

Die Angst wiegt schwer; die Träne bleibt auf dem Gesicht der Welt. Aber das Gedicht, das Arrangement lassen Hoffnung leuchten. Eine leichte Hoffnung, ein behutsamer Sinn, wie zwei Schmetterlinge – aber kann die Hoffnung anders als zart erblühen?

Abend am See

Ich sah einen goldenen Vogel
Entfliehn über Hügel und Höhn.
Warum ist nur die Sonne
Im Untergehen so schön?

Es kommt ein Schein, der von unten
Die Erde erhellt,
Und der mit seinem bunten
Lichte streift aus der Welt.

Er geht über das weite Wasser,
Das Welle um Welle verrollt.
Der Fischer am Ufer fischt sich
Mit Netzen das flüssige Gold.

Friedrich Georg Jünger

Ikebana-Form:	Moribana
Material:	Lotos – Nelumbo
	Seerose – Nymphaea mexicana Hybride
Gefäß:	Keramikschale – Prof. Sartori,
	Italien 1977
	L 53 cm; B 37 cm; H 12 cm

Auch ohne Gedichtvorlage erkennt man in diesem Ikebana die Stimmung: Abend am See. Ein untergehendes Licht, dessen Quelle nicht auszumachen ist, das aber die Schönheit einer Kulturlandschaft zum Leuchten bringt; das Haus am Berg und der Baum auf der abfallenden Wiese; ein See, in dessen Klarheit sich Haus und Berg und Baum und Wiese spiegeln. Weder das Arrangement noch das Gedicht brauchen eine Erläuterung; sie möchten aber, daß man sich Zeit nimmt, sich ihnen hingibt.

Durch das Gedicht sind Goldfäden gewebt: der entfliehende Vogel Sonne schenkt sein Strahlen dem See. Das Ikebana aber leuchtet grün wie ein Kirchenfenster von Chagall. Mit Gold und Grün ist die gleiche Erfahrung gemalt: Abend am See.

Friedrich Georg Jüngers (1898–1977) Gedicht scheint voll Bewegung zu sein: Fliegen, Versinken, der Sonnenschein kommt, streift, erhellt. Doch alles, auch das Auf und Ab der Wellen und die Arbeit des Fischers, dient nur der Ruhe, der Ruhe eines Abends am See, einer Ruhe, die fast zu romantisch und zu abgeklärt über den Versen liegt: Schwebt nicht über der Stille des Gedichtes ein Schleier von Wehmut?

Das Ikebana hingegen führt uns aus einer gelassenen Ruhe in die Bewegung hinein. Zuerst lädt es ein zum schlichten Anschauen und Dabeisein. Aber bald entdeckt man in ihm Leben. Wie auf einer leichten Wolke am dunklen Abendhimmel schwebt die Schale auf ihrem Spiegelbild. Das Gefäß selbst beginnt zu sprechen; es liegt da wie gewachsener Stein, ohne Rand; von selbst hat es angefangen, sich zu runden und zur Schale zu werden, die das Wasser aufnimmt. Im Wasser schwimmen die Blätter der Seerosen, werfen Schatten und bringen den blaugrünen Grund zum Leben.

Darüber wachsen vier große Lotosblätter mit der Frucht. Wie auf einem Thron wächst das zusammengerollte Blatt dem verborgenen Licht entgegen – oder wächst es aus dem Licht heraus? Auf einem hohen, lichthellen Stengel schwebt ein geöffnetes Blatt, das selbst zu Licht geworden ist, zu wiesengrünem, sattem Licht. Auf solchen Flächen darf das Auge ausruhen. Von dort her findet es zurück zur Lebensmitte, woher alles gewachsen ist. Die drei Seerosen – von der Knospe bis zur geöffneten Blüte – sind optimistisch, froh, heiter, wie Glückssterne.

Georg Friedrich Jünger besingt die Schönheit des langsamen Dunkelns. Das Gold wird eingesammelt, und der Abend versinkt in die Nacht. Die Blumen-Skulptur hingegen ist – auch am Abend – jugendfrisch, hinanwachsend, Kräfte sammelnd für Neues. Abendschönheit des Verdämmerns – Abendschönheit des Ruhens in einen ewigen Morgen hinein.

Maria

Die Nacht ihrer ersten Geburt war
Kalt gewesen. In späteren Jahren aber
Vergaß sie gänzlich
Den Frost in den Kummerbalken und rauchenden Ofen
Und das Würgen der Nachgeburt gegen Morgen zu.
Aber vor allem vergaß sie die bittere Scham
Nicht allein zu sein
Die dem Armen eigen ist.
Hauptsächlich deshalb
Ward es in späteren Jahren zum Fest, bei dem
Alles dabei war.
Das rohe Geschwätz der Hirten verstummte.
Später wurden aus ihnen Könige in der Geschichte.
Der Wind, der sehr kalt war
Wurde zum Engelsgesang.
Ja, von dem Loch im Dach, das den Frost einließ, blieb nur
Der Stern, der hineinsah.
Alles dies
Kam vom Gesicht ihres Sohnes, der leicht war
Gesang liebte
Arme zu sich lud
Und die Gewohnheit hatte, unter Königen zu leben
Und einen Stern über sich zu sehen zur Nachtzeit.

Bertolt Brecht

Ikebana-Form:	Nageire
Material:	Zwerg-Ahorn – Acer sieboldianum
	Lilie – Lilium Hybride
Gefäß:	Keramikkrug – Italien 19. Jahrhundert
	∅ 21 cm; H 25 cm

Manch einer wird erstaunt ein Weihnachtsgedicht von Bertolt Brecht (1898–1956) zur Kenntnis nehmen. Man kennt ihn als den revolutionären Dichter, der einen neuen Umgang mit der deutschen Sprache einleitete. Unser Gedicht stammt zwar aus seiner Frühzeit (1922), aber es meint schon den ganzen Brecht mit seiner konkreten, schonungslosen Sprache. Es meint den Arme-Leute-Geruch im Stall. Maria ist hier eine der Proletarierfrauen, die in stolzer Scham ihr Elend nicht zur Schau stellen wollen. Das Gedicht atmet die häßliche Umgebung der Armut, die zum Protest reizt. Das Gedicht ist selbst ein Protest Bertolt Brechts.

Aber ein Licht, das wie auf einem Weihnachtsbild etwa von Albrecht Altdorfer oder von Rembrandt auf dem »Gesicht ihres Sohnes« leuchtet, verwandelt die Arme-Leute-Szenerie. Man könnte meinen, daß Brecht sich die heutige Exegese zu Nutzen gemacht hat. Sie weiß, daß manche Szenen aus dem Leben Jesu durch die nachösterliche Herrlichkeit des Auferstandenen umgeformt wurden. Auch bei Brecht kehrt sich das Elend um: Könige, Engel, Sterne. Das rührt her »vom Gesicht ihres Sohnes«; von seiner selbstverständlichen Leichtigkeit, seinem Singen, seinem Blick nachts zu seinem Stern.

Ob wahre, gute »Revolutionen« einen anderen Ursprung haben dürfen als den leichten Gang eines Menschen, der Gesang liebt? Ob Brecht nicht einen Wesenszug des einzigen »Total Revolutionärs« der Weltgeschichte gezeichnet hat (Revolutionär ist der, der das Steuer der Geschichte zum Besseren umwirft), einen Wesenszug Jesu, dessen Leichtigkeit der Welt einen neuen Anfang schenkte? Der die Welt veränderte, weil er sich in der Treue des Vaters wußte?

Das Blumen-Arrangement singt zwar nicht. Es will auch nicht die Welt umstürzen. Aber es leuchtet, es steckt an, es verändert: Der gelbe Blütenstern mit der geschlossenen Blütenknospe. Im Dach der sternförmigen Blätter antwortet ihm wie ein Himmelsstern die Öffnung für das Dunkel der Nacht. Der Busch aus den vielen Blättern streckt sich aus nach zwei, nein nach vier, nein nach allen Seiten; er umfaßt, umschließt, behütet. Das irdene Gefäß ist schön in seiner schlichten Urform des Wasserkruges. Er trägt die Spuren langer Benutzung und zeigt, daß Schönheit nicht abhängen muß von Reichtum.

Doch die Mitte bleibt das leuchtende Gelb des Blütensterns. Alles dies kommt von diesem Stern. »Alles dies / Kam vom Gesicht ihres Sohnes, der leicht war / Gesang liebte«.

Elia erfährt Gott

Es sprach:
Heraus,
steh hin auf den Berg vor MEIN Antlitz!
Da
vorüberfahrend ER:
ein Sturmbraus, groß und heftig,
Berge spellend, Felsen malmend,
her vor SEINEM Antlitz:
ER im Sturme nicht —
und nach dem Sturm ein Beben:
ER im Beben nicht —
und nach dem Beben ein Feuer:
ER im Feuer nicht —,
aber nach dem Feuer
eine Stimme verschwebenden Schweigens.

Martin Buber

Ikebana-Form:	Jiyuka – Freie Form
Material:	Apfel – Malus
Gefäß:	Meditationsskulptur – Granit
	Hiroshi Mikami – 1973
	L 34 cm; B 25 cm; H 12,5 cm

Für Martin Buber (1878–1965) heißt der Sinn des Lebens einfachhin: Du Gott. Er kennt nichts Wichtigeres als die Begegnung mit ihm, wie sie die Bibel berichtet. Eine der großen biblischen Gottesbegegnungen war dem kargen Ikebana Vorlage. Elia (Elijahu) hat das Scheitern seiner Botschaft erlebt. Obgleich sich Gott vorher in einer gewaltigen Szene zu seinem Wort bekannt, obgleich Elia im Opfer-Wettstreit über die Baalspriester gesiegt hatte, mußte er fliehen. Er will sterben. Ein Engel weckt ihn, und in der Kraft der Himmelsspeise läuft Elia bis zum Berg Horeb. Dort begegnet ihm Gott. Und von dort wird der Prophet von neuem zu seinem Volk gesandt.

Buber hat die Szene dieser Gottesbegegnung in Versform übertragen. Die kurzen Sätze wirken wie in Granit gemeißelt. Da es ihm, dem gläubigen Juden verboten ist, den Namen Gottes auszusprechen, setzt er an die Stelle seines Namens Jahwe das direkte, ansprechende Fürwort: Du-Mein-Er.

Es ist Ehrfurcht vor der Unbegreiflichkeit Gottes, warum der Jude seinen Namen nicht ausspricht. Auch in unserem Text ist gestochen scharf gesagt: ER im Sturme nicht – ER im Beben nicht – ER im Feuer nicht. Und wo ER anwesend ist, wird ER nicht mehr genannt, sondern nur: eine Stimme verschwebenden Schweigens. Auf dem Hintergrund des lauten Opferwettstreites und des Hinschlachtens der ungläubigen Baalspriester spricht dieses Schweigen eine deutliche Sprache. Es dringt durch wie ein Flötenton in die Stille des Orchesters. Wer ihm lauscht, vernimmt den leisen, aber bestimmten Auftrag, der Elia nun wieder in das prophetische Sprechen zu seinem Volk schickt. Dieses Zusammenklingen von klarer, eindeutiger Anweisung und zugleich Einsamkeit und Stille macht aus, was Buber übersetzt: Stimme verschwebenden Schweigens.

Die Ikebana-Skulptur braucht keine Deutung; Zartheit und Kraft sind in ihr vereint. Die Kraft aber ist eine geformte. Der schwere schwarze Stein ist ein Bildwerk, wie gehauen von den unzähligen Jahren seiner Geschichte, wie geglättet von einem Bergbach; eine Ewigkeit kündende Urlandschaft, an der man zu erkennen glaubt, daß ein übergeworfenes Tuch miteingemeißelt ist in seine Gestalt. Es ist keine brutale, es ist starke, aber geformte Natur. Der Apfelzweig blüht nicht im Gegensatz dazu; er nimmt die Kraft und die Gestalt des Steines auf und läßt sie zur Blüte werden. Wahres Leben kommt nur aus der Synthese von Kraft und Blüte. Doch die Harmonie greift noch weiter. Stein und Apfelzweig stehen in einer größeren Synthese mit dem Raum. Hier trägt keine Vase einen Blütenstrauch, hier tragen der Raum und sein Licht selbst die Ikebana-Skulptur.

Ob nicht so der Schöpfungsmorgen aussah, als Gott sprach: Es werde? Sein Sprechen ist damals wie heute gleich: Bestimmend, klar und leise, verhaltend; die Stimme verschwebenden Schweigens. Es ist die Stimme des unendlichen Geheimnisses, die mir, dem Menschen, vernehmbar wird; es ist die Stimme Gottes, der mich anspricht, der mir einen Auftrag gibt.

Zu den Autoren:

Horst Nising SJ

1938 geboren – Kaufmännische Tätigkeit in der Industrie – nach Abitur auf dem Zweiten Bildungsweg 1967 Eintritt in den Jesuitenorden – Studium von Philosophie und Theologie in München und Frankfurt – Priesterweihe 1974 – Studium von Kunstgeschichte und Archäologie in München und Frankfurt – Lehrtätigkeit für Kunstgeschichte an der Phil. Theol. Hochschule St. Georgen der Jesuiten in Frankfurt/M. – Ikebana-Ausbildung bei Frau Shusui Pointner-Komoda in München – Leiter der Ikenobo-Ikebana-Abteilung im Ikebana-Center Frankfurt/Main.

Josef Sudbrack SJ

1925 geboren – schwere Kriegsversehrtheit – 1946 Eintritt in den Jesuitenorden – Studium von Philosophie und Theologie in München und Frankfurt – Priesterweihe 1956 – Doktorat in Bonn – Habilitation in Innsbruck – Dozentur für geistliche Theologie in Innsbruck – Visiting Professor in Harvard University, USA – Redaktion Geist und Leben – Leitung des Instituts der VOD – Wissenschaftliche und populäre Bücher über christliche Spiritualität, ihre Geschichte, Theologie und Praxis – Beiträge in Fachzeitschriften und Sammelwerken – Bücher zur Thematik Lyrik und Meditation: Worte sind Brücken, Hinführung zur Gedichtmeditation, Frankfurt 1977; Meditation des Wortes, Hinführung und Einübung, Würzburg 1974; Erfahrung einer Liebe, Freiburg 1979.

Christof Eichler

1944 geboren – Fotofachschule in Berlin – Studium Visueller Kommunikation an der Hochschule für Gestaltung in Ulm – Studium an der Bayer. Staatslehranstalt für Fotografie, Meisterklasse. Als Werbefotograf für namhafte Firmen im In- und Ausland tätig – parallel dazu intensive Beschäftigung mit künstlerischer Fotografie.

Der Verlag und die Autoren danken hiermit sehr herzlich

für die großzügige und verständnisvolle Stiftung von Pflanzen dem Botanischen Garten in München, vor allem den Herren R. Berger, J. Bogner, H. Kowalski, R. Müller und H. Schmitt. Außerdem sei gedankt Frau L. May, Unterbachern, und dem Alfred-Delp-Haus, München.

für die botanische Bestimmung der für die Ikebana-Skulpturen verwendeten Pflanzen Herrn R. Müller vom Botanischen Garten in München.

für die Ermutigung und Kritik bei der Entstehung des Buches Frau A. Vitense, Frau U. Smend und Herrn H. Hamm, SJ.

für die Abdruckerlaubnis der Gedichte allen Verlagen und Autoren:

Ingeborg Bachmann (1926–1973), *Schatten Rosen Schatten,* S. 24, aus: *Gedichte, Erzählungen, Hörspiel, Essays,* R. Piper & Co. Verlag, München

Gottfried Benn (1886–1956), *Epilog 1949 V,* S. 40, Limes-Verlag, Wiesbaden und München

Bertolt Brecht, (1898–1956) *Maria,* S. 84, aus: *Gesammelte Gedichte,* es 835, Suhrkamp Verlag, Frankfurt am Main 1976

Martin Buber, (1878–1965), *Elia erfährt Gott,* (1 Kg 19, 12 f), S. 88, aus: *Bücher der Geschichte.* Verdeutscht von Martin Buber gemeinsam mit Franz Rosenzweig, Verlag Lambert Schneider, 7. Auflage der Neuausgabe, Heidelberg 1979

Erika Burkart, (geb. 1922), *Hand unter Wasser,* S. 44, aus: *Das Licht im Kahlschlag,* Artemis Verlag, Zürich – München 1977

Paul Celan, (1920–1970), *Einmal...,* S. 20, aus: *Gedichte in 2 Bänden,* Band 2, Suhrkamp Verlag, Frankfurt am Main 1975

Hilde Domin, (geb. 1912), *Wer es könnte...,* S. 48, aus: *Hier,* Gedichte, S. Fischer Verlag GmbH, Frankfurt am Main 1964

Günter Eich (1907–1972), *Fußnote zu Rom,* S. 28, aus: *Gesammelte Werke,* Band 1, Suhrkamp Verlag, Frankfurt am Main 1973

Yvan Goll, (geb. 1891–1950), S. 68, aus: *Zehntausend Morgenröten,* Limes-Verlag, Wiesbaden und München

Günter Grass, (geb. 1927), *Tour de France,* S. 52, aus: *Gesammelte Gedichte,* Sammlung Luchterhand Band 34, Luchterhand Verlag, Darmstadt 1971

Martin Gutl, (geb. 1942), *Nach dem Gebet,* S. 56, aus: *Der tanzende Hiob,* Verlag Styria, Graz – Wien – Köln

Eveline Hasler, (geb. 1933), *Bei dir bin ich ein Vogel,* S. 64, aus: *Geborgenheit,* Reihe Amboss Funken, Amboss Verlag, St. Gallen

Friedrich Georg Jünger, (1898–1977), *Abend am See,* S. 80, aus: *Gedichte,* Vittorio Klostermann Verlag, Frankfurt am Main 1949

Marie Luise Kaschnitz, (1901–1974), *Ein Leben nach dem Tode,* S. 72, aus: *Kein Zauberspruch,* Insel Verlag, Frankfurt am Main 1972

Karl Krolow, (geb. 1915), *Der Augenblick des Fensters,* S. 16, aus: *Gesammelte Gedichte,* Suhrkamp Verlag, Frankfurt am Main 1965

Reiner Kunze, (geb. 1933), *Rudern zwei...,* S. 60, aus: *Gedichte, die mein Mädchen schwieg,* Rechte beim Autor

Paula Ludwig (1900–1974), *Immer horch ich...,* S. 12, aus: *Dem dunklen Gott – ein Jahresgedicht der Liebe,* Langewiesche – Brandt KG Verlag, Ebenhausen bei München 1974

Nelly Sachs, (1894–1970), *Weine aus dir...,* S. 76, aus: *Suche nach Lebenden. Die Gedichte der Nelly Sachs,* Suhrkamp Verlag, Frankfurt am Main 1971

Georg Trakl (1887–1914), *Ein Winterabend,* S. 32, aus: *Dichtungen und Briefe,* Otto Müller Verlag, Salzburg